# WILMA
## SIN LÍMITES

# KATHLEEN KRULL

Ilustraciones de
# DAVID DIAZ

Traducción de ALMA FLOR ADA y F. ISABEL CAMPOY

# WILMA
## SIN LÍMITES

Como Wilma Rudolph se convirtió en la mujer más rápida del mundo

Clarion Books
*An Imprint of HarperCollinsPublishers*
Boston   New York

Photographs by David Diaz and Cecelia Zieba-Diaz

This is a translation of Wilma Unlimited: How Wilma Rudolph Became the World's Fastest Woman.

Clarion Books is a registered trademark of HarperCollins Publishers

Library of Congress Cataloging-in-Publication Data
Krull, Kathleen.
[Wilma unlimited. Spanish]
Wilma sin límites: como Wilma Rudolph se convirtió en la mujer más rápida del mundo/Kathleen Krull; ilustraciones de David Diaz;
[traducción de Alma Flor Ada y F. Isabel Campoy].
p.   cm.
"Libros Viajeros."
1. Rudolph, Wilma, 1940–1994—Juvenile literature.   2. Runners (Sports)—United States—Biography—Juvenile literature.
3. Women runners—United States—Biography—Juvenile literature.   I. Diaz, David, ill.   II. Title.
GV1061.15.R83K7818   2000
796.42'092—dc21      99-28308
ISBN 0-15-202360-7

ISBN 0-15-201267-2   English
ISBN 0-15-202098-5   English pb
23 SCP 25 24 23 22 21 20 19 18 17

Printed in China

Nadie esperaba que una bebé tan pequeñita llegara a celebrar su primer cumpleaños.

En Clarksville, Tennessee, en 1940, la vida de un bebé que pesara apenas cuatro libras al nacer, tenía que ser muy breve.

Pero la mayoría de los bebés no tenían diecinueve hermanos y hermanas mayores que los cuidaran. La mayoría de los bebés no tenían una madre que sabía remedios caseros ni un padre con varios empleos.

La mayoría de los bebés no eran Wilma Rudolph.

Wilma sí llegó a celebrar su primer cumpleaños y todo el mundo se dio cuenta que apenas esta niñita aprendió a caminar, lo que hacía era correr y saltar, en lugar de andar.

Pero como era tan pequeña y enfermiza, era una preocupación para todos. Si alguno de sus hermanos o hermanas se resfriaba, a ella le daba pulmonía doble. Si uno de ellos tenía sarampión, a Wilma le daba sarampión y además paperas y varicela.

Su madre la cuidaba siempre en casa. Los médicos eran un lujo para la familia Rudolph, y además en Clarksville sólo un médico atendía a los enfermos de color.

Poco antes de cumplir cinco años, Wilma se puso más enferma que nunca. Sus hermanas y hermanos la arroparon con todas las mantas de la casa, para tratar de mantenerla abrigada.

Durante esa enfermedad, a Wilma se le torció la pierna izquierda hacia adentro y no podía enderezarla. Ni siquiera la madre de Wilma sabía qué le pasaba.

El médico vino por fin a verla. Les dijo que Wilma no sólo tenía escarlatina sino que además le había dado polio. En esa época los niños a quienes les daba polio casi siempre o se morían o se quedaban lisiados para siempre. No se conocía ninguna cura.

La noticia corrió por todo Clarksville. Wilma, aquella niñita vivaracha, nunca volvería a caminar.

Pero Wilma siguió moviéndose como pudiera. Iba de un lado a otro de la casa saltando en un pie, y así llegaba hasta la letrina en el patio e incluso a la iglesia los domingos.

La madre de Wilma la animaba a moverse. La señora Rudolph tenía mucho que hacer: cocinar, limpiar, coserles ropa a sus hijos con tela de sacos de harina. Para entonces tenía veintidós hijos. Sin embargo, dos veces a la semana llevaba a Wilma en autobús al hospital más cercano que atendía a pacientes de color y que quedaba en Nashville, a unas cincuenta millas de su casa. Viajaban juntas en la parte de atrás del autobús, el único lugar en que se permitía viajar a las personas de color.

Los médicos y las enfermeras del hospital ayudaban a Wilma a hacer ejercicios para fortalecer su pierna paralizada. En casa, Wilma practicaba y practicaba los ejercicios todo el tiempo, aunque le doliera.

Lo que más entristecía a Wilma era que la escuela no la dejara asistir a clases porque no podía caminar. Todos los días veía, con lágrimas en los ojos, como sus hermanos y sus hermanas se iban corriendo a la escuela, mientras ella se tenía que quedar en casa. Hasta que un día, cansada de pasarse la vida llorando, decidió hacerle frente a aquella situación, fuera como fuera.

Wilma hizo un esfuerzo tan grande con los ejercicios que los doctores decidieron que podían ponerle un soporte ortopédico de acero en la pierna. Gracias a aquel pesado soporte ya no tenía que ir saltando en un solo pie. Por fin podría ir a la escuela.

Pero la escuela no resultó ser el lugar feliz que Wilma había imaginado. Sus compañeros se burlaban de su soporte. A la hora del recreo todo lo que Wilma podía hacer era sentarse y ver, llena de impaciencia, como jugaban los demás niños. Durante horas estudiaba a los otros niños, memorizando sus movimientos, observando como la pelota se colaba en la canasta que usaban como aro.

Wilma combatió contra su tristeza haciendo más ejercicios. Su familia la animaba constantemente y Wilma se esforzaba para que no tuvieran que preocuparse por ella. A veces le parecía que la pierna se le iba haciendo más y más fuerte. Otras veces simplemente le dolía.

Un domingo, camino de la iglesia, Wilma se sintió más fuerte que nunca. Ella, al igual que su familia, había encontrado fortaleza en la fe y la iglesia era su lugar favorito. Todas las personas que conocía estarían allí, conversando y riéndose, rezando y cantando. Sería el lugar ideal para intentar el acto más valiente de toda su vida.

Wilma se quedó atrás, mientras la gente iba llenando la vieja iglesia. De pie, sola, oyendo los himnos que inundaban el aire de color, Wilma se quitó el pesado soporte y lo dejó en la puerta de la iglesia. Respiró profundamente y fue poniendo un pie delante del otro, mientras las rodillas le temblaban con violencia. Para no pensar en sus rodillas, se concentró en respirar una y otra vez.

El murmullo fue creciendo como una ola por toda la iglesia: Wilma Rudolph estaba
caminando. Fila a fila, todas las cabezas se volvieron a mirarla mientras ella avanzaba sola por
el pasillo central. Toda su familia, los amigos de su familia, todos sus compañeros de la escuela,
la miraban con ojos de enorme sorpresa. El coro no dejó de cantar; las voces parecían atravesar
las paredes y resonar entre los árboles. Por fin, Wilma llegó hasta la primera fila y ella también
empezó a cantar, con una enorme sonrisa de triunfo en los labios.

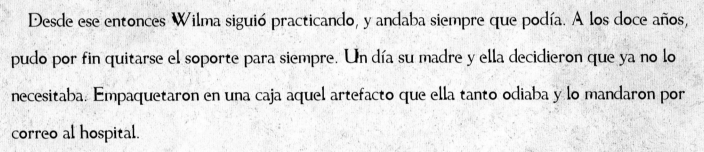

Desde ese entonces Wilma siguió practicando, y andaba siempre que podía. A los doce años, pudo por fin quitarse el soporte para siempre. Un día su madre y ella decidieron que ya no lo necesitaba. Empaquetaron en una caja aquel artefacto que ella tanto odiaba y lo mandaron por correo al hospital.

Tan pronto como Wilma envió aquella caja, sintió que su vida volvía a empezar.

Después de haber pasado años sentada, mirando jugar a otros, Wilma no podía esperar a lanzarse a jugar al básket, el juego que más le había gustado observar. Era muy delgada, pero ya no era pequeña. Sus larguísimas piernas le permitían volar sobre la cancha y por el aire y se sabía todas las reglas y todos los movimientos.

En la escuela secundaria fue la líder de su equipo y lo llevó de victoria en victoria. De hecho, consiguió que su equipo llegara al campeonato estatal de Tennessee. Allí, para sorpresa de todos, su equipo perdió.

Wilma se había acostumbrado a ganar. Ahora, desplomada sobre un banco, parecía que toda su energía la había abandonado.

Pero el entrenador de un equipo universitario había estado aquella tarde en el partido. Le había parecido que Wilma jugaba muy bien, pero sobre todo le había impresionado como corría. La quería en su equipo de carrera.

Con su ayuda, Wilma ganó una beca deportiva que le costeaba todos los estudios en la Universidad Estatal de Tennessee. Era la primera persona de su familia que iba a la universidad.

Ocho años después de aquel día en que enviara el soporte de acero al hospital, sus piernas largas y sus muchos años de esfuerzo llevaron a Wilma a muchas millas de Clarksville, Tennessee. En el verano de 1960 llegó a Roma, Italia, para representar a los Estados Unidos en las Olimpiadas, como corredora.

El mero hecho de participar en las Olimpiadas era una enorme victoria personal para Wilma, pero sus posibilidades de ganar eran limitadas. Sólo el caminar bajo el terrible calor de Roma era un esfuerzo y había allí atletas de otros países que tenían récords de haber corrido a mayor velocidad que Wilma. En todo caso, a las mujeres no se las tomaba mucho en cuenta en las carreras de velocidad; se pensaba que las pistas de carreras eran para los hombres no para las mujeres. Y la presión del público era tremenda. Por primera vez en la historia las Olimpiadas iban a ser retransmitidas por televisión, y todos los atletas sabían que los estarían observando más de cien millones de personas. Pero lo peor de todo era que Wilma se había torcido un tobillo muy poco antes de llegar a Roma. El día de la primera carrera todavía lo tenía hinchado y le dolía.

Pero cuando le llegó el turno de competir, Wilma se olvidó de su tobillo y de todo lo demás.

Se lanzó hacia adelante, sin pensar en su temor, su dolor, o el sudor que le corría por la cara.

Corrió mejor que había corrido nunca. Y corrió mejor que todas las demás.

Wilma Rudolph de los Estados Unidos ganó la carrera de los 100 metros y el interés de todo el mundo. Ninguna otra corredora quedó ni siquiera cerca. La medalla olímpica de oro era toda suya.

Cuando llegó el momento de la carrera de los 200 metros lisos, las largas y gráciles piernas de Wilma ya eran famosas. Le zumbaban los oídos de oír a la multitud gritar su nombre. Esa animación le ayudó a olvidarse de la lluvia que estaba empezando a caer. En cuanto se oyó el disparo de la pistola que marca el comienzo de la carrera, Wilma cruzó el aire húmedo como un tornado. Cuando cruzó la meta final, había vuelto a repetir su hazaña. Había llegado antes que nadie. Se había ganado una segunda medalla de oro. Empapada y sin aliento, Wilma no cabía en sí misma de gozo por su doble triunfo. La multitud gritaba desaforada.

Todavía faltaba la carrera de relevo de los 400 metros. El equipo de Wilma se tenía que enfrentar a una dura competencia. Y como ella era la cuarta y última corredora de su equipo, sería a Wilma a quien le tocase cruzar la meta.

El equipo de Wilma corrió muy bien. Se fueron pasando el bastón limpia y suavemente y se mantuvieron en primer lugar. Wilma empezó a prepararse cuando vio acercarse a la tercera corredora de su equipo. Alargó la mano hacia atrás para coger el bastón y ¡casi se cae! Mientras trataba de recuperar el equilibrio, otras dos corredoras se le adelantaron. De repente Wilma y su equipo habían pasado al tercer lugar.

Wilma sabía lo que era el poder de concentración desde aquel día en que había caminado por el pasillo de la iglesia. Ahora, con sus piernas a toda velocidad, concentró todo el poder de su mente. En un electrizante estallido final, se puso a la cabeza. Por unas fracciones de segundo fue la primera en avalanzarse contra la meta. El clamor atronador de la multitud se unía al de su propio corazón. Había hecho historia. Increíblemente, había ganado por tercera vez.

En la ceremonia de triunfo, por tercera vez esa semana, mientras se oía el himno de los Estados Unidos, Wilma se mantuvo de pie firme y esbelta, como una reina, con la tercera de sus medallas olímpicas colgándole del cuello.

Wilma Rudolph, que había sido la niña más enfermiza de Clarksville, se había vuelto la mujer más veloz del mundo.

# NOTA DE LA AUTORA

Wilma Rudolph se convirtió a los veinte años en la primera mujer estadounidense que ganara tres medallas de oro en una misma Olimpiada. Cuando regresó a su casa, desde Roma, la esperaba toda su familia y, además, todo el pueblo de Clarksville, Tennessee. El gran desfile y el banquete que se hicieron en su honor fueron los primeros acontecimientos en la historia del pueblo a los que asistieron juntos personas de color y personas blancas.

Durante la niñez de Wilma, en los años 40, la polio que también se llamaba parálisis infantil, era la enfermedad más temida en el mundo. Hasta 1955 no se descubrió una cura para esta enfermedad. Para entonces ya la polio había matado o dejado lisiados a 357,000 estadounidenses, la mayoría niños. El número de estadounidenses que murió durante la Segunda Guerra Mundial, fue sólo unos 50,000 más.

Cuando se retiró de su carrera como corredora, en 1962, Wilma se hizo maestra de segundo grado y entrenadora de la escuela secundaria. Continuó siendo una persona célebre y gozaba de gran admiración, pero para demostrar que ella podía hacer otras cosas además de correr, creó la compañía Wilma Unlimited [Wilma sin límites] que le dió oportunidades de viajar, dar conferencias y apoyar las causas en las que creía. Más tarde creó la fundación sin fines de lucro [Wilma Rudolph Foundation], Wilma Rudolph para apoyar a jóvenes atletas y enseñarles que ellos también podían aspirar a triunfar a pesar de todas las dificultades que pudiera haber en contra suya. La historia de todo cuanto tuvo que superar para llegar al triunfo en las Olimpiadas ha servido de inspiración a miles de atletas jóvenes, especialmente mujeres.

Wilma Rudolph murió en 1994.

The paintings in this book were created with acrylics, watercolor, and gouache on Arches watercolor paper.

The backgrounds were composed and photographed by David Diaz and Cecelia Zieba-Diaz.

The display type and text type were set in Ariel, a font created by David Diaz.

Color separations by Bright Arts, Ltd., Singapore

Printed and bound by RR Donnelley, China

Production supervision by Stanley Redfern

Designed by David Diaz with special assistance from Cecelia Zieba-Diaz and Troy Viss

*La historia real, dramática e inspiradora de la corredora Wilma Rudolph, quien superó increíbles dificultades hasta convertirse en una de las mejores atletas del mundo.*

Antes de que Wilma cumpliera los cinco años, la polio dejó paralizada su pierna izquierda. Todos dijeron que no volvería a caminar. Pero Wilma se negó a creerlo. No sólo volvería a caminar, afirmó solemnemente, sino que llegaría a correr. Le costó, pero al fin consiguió correr—hasta llegar a las Olimpiadas, donde llegó a ser la primera mujer americana que ganase tres medallas de oro en una sola Olimpiada.

"Inspirador."—*The New York Times Book Review*

"Illustraciones luminosas y audaces . . . sus líneas alargadas y la sensación de movimiento y velocidad complementan el cuerpo y el espíritu de Rudolph."—*San Francisco Chronicle*

"Una historia de triunfo, contada triunfalmente."—*Publishers Weekly*

La edición en inglés ha ganado los siguientes premios:
**ABA's Pick of the Lists**
**An ALA Notable Children's Book**
**A Parents' Choice Award Winner**
**A *Booklist* Editors' Choice**
**A *Bulletin* Blue Ribbon Book**
**A *School Library Journal* Best Book of the Year**
**A Jane Addams Book Award Winner**
**A New York Public Library's 100 Titles for Reading and Sharing**

Clarion Books
HarperCollins Publishers
clarionbooks.com

Printed in China